PENSIONS & GRATIFICATIONS

MILITAIRES

ORPHELINS, VEUVES & RÉFORMÉS

PAR

PAUL GRUET

DÉPUTÉ & CONSEILLER GÉNÉRAL

DE LA COTE-D'OR

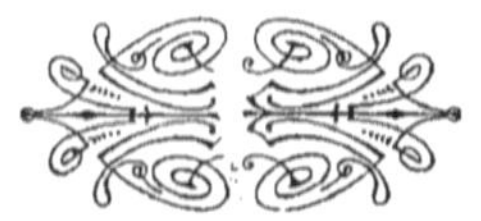

1916

—

Imprimerie F. CHAPUIS, Rue du Bourg, 45

DIJON

PENSIONS & GRATIFICATIONS

MILITAIRES

ORPHELINS, VEUVES & RÉFORMÉS

PAR

PAUL GRUET

Député & Conseiller Général

de la Cote-d'Or

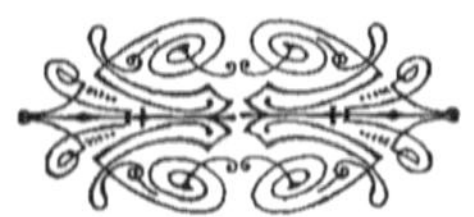

1916

Imprimerie F. CHAPUIS, Rue du Bourg, 45

DIJON

PENSIONS & GRATIFICATIONS
MILITAIRES
ORPHELINS, VEUVES & RÉFORMÉS

INTRODUCTION

Entre tous ceux qu'a éprouvés la guerre, les malheureux orphelins et les veuves ont particulièrement droit à notre sollicitude : si les charges écrasantes qui pèsent sur la France n'ont pas permis aux pouvoirs publics de faire, dès à présent, pour eux tout ce qui aurait été souhaitable, il importe, tout au moins, que que les intéressés connaissent la législation actuelle.

Il en est de même pour les militaires qui ont droit à pension d'invalidité ou gratification de réforme.

Si l'état de ma santé me l'avait permis, je me serais fait un devoir de consacrer à ce sujet un travail de la même importance que mon ouvrage de l'an dernier, sur les **Réquisitions Militaires.**

Je me suis contenté, cette fois, de grouper quelques indications officielles : leur lecture aura, tout au moins, l'avantage de ne pas induire en erreur les intéressés comme l'ont fait, trop souvent, depuis le début de la guerre les notes fantaisistes de certains journaux.

Paul GRUET.

Août 1916.

PENSIONS DE VEUVES

Les pièces à produire à l'appui d'une demande de pension militaire de veuve sont les suivantes :

1° *Demande de pension* adressée au ministre de la guerre et légalisée par le maire de la commune ou de l'arrondissement, si le domicile est à Paris ;

2° *Acte de naissance* de la veuve ;

3° *Acte de célébration* du mariage ;

4° *Acte du décès* du mari ;[1]

Ces pièces doivent être dûment légalisées si elles ne sont pas délivrées dans le département de la Seine.

5° *L'état des services* du mari qui doit être réclamé au dépôt du régiment de celui-ci ;

6° *Certificat* délivré par l'autorité municipale sur la déclaration de l'intéressée et l'attestation de deux témoins constatant : 1° Qu'il n'y a eu entre les époux ni divorce ni séparation de corps; 2° Que la veuve jouit de ses droits civils ; 3° Qu'il n'existe pas d'enfant mineur issu d'un précédent mariage du mari. (En cas de séparation de corps prononcée en faveur de la femme, produire un extrait du jugement).

7° *Certificat de genre de mort* qui doit être demandé au dépôt du régiment du mari et peut être porté sur l'état des services visé ci-dessus. (Circulaire du 22 octobre 1914) [2].

Toutes les pièces peuvent être établies *sur papier non timbré et sans frais*.

Si la veuve a besoin d'éclaircissements en vue de l'établissement de son dossier, elle pourra s'adresser au sous-intendant militaire de Dijon.

Le service compétent du ministère de la guerre est la direction du contentieux et de la justice militaire, troisième bureau (service des pensions et gratifications de réforme).

---

(1) Si la veuve ne peut se procurer cet acte, elle enverra tout de même son dossier au sous-intendant militaire chargé du service des pensions dans le département de la Côte-d'Or en y joignant l'avis de décès adressé par la mairie ou par l'autorité militaire et en mentionnant expressément que l'acte de décès n'a pu être obtenu.

(2) Le certificat de genre de mort peut être remplacé par l'avis de décès adressé par le maire ou par l'autorité militaire, si cette pièce porte la mention « Tué à l'ennemi » ou « Décédé des suites de blessures de guerre ».

RENSEIGNEMENTS

RELATIFS AUX DROITS A PENSION MILITAIRE

DES VEUVES & ORPHELINS

I. — CATÉGORIES DE PENSIONS

Ont droit à une pension :

1° De la première catégorie (première colonne du tarif ci-après) : les veuves de militaires tués à l'ennemi *ou morts par suite de blessures de guerre ;*

2° De la deuxième catégorie (deuxième colonne du tarif ci-après) : les veuves de militaires décédés des suites de blessures ou maladies contractées en service commandé (*en dehors des blessures de guerre*) ou en possession de droits à pension.

En cas de prédécès de la mère, les orphelins ont droit, suivant le même tarif, à un secours global payé jusqu'à la majorité du plus jeune d'entre eux.

II. — RÉPARTITION DE LA PENSION ENTRE LA VEUVE & LES ORPHELINS NÉS D'UN PRÉCÉDENT MARIAGE

En cas d'existence simultanée d'une veuve et d'un ou plusieurs enfants d'un premier lit, la pension se partagera par moitiés égales entre la veuve et les orphelins. Au décès ou à la majorité du dernier des orphelins, leur part de pension se réunit à la part de pension dont bénéficie déjà la veuve. En cas de prédécès de la veuve, sa part se réunit à celle des orphelins.

III. — ALLOCATIONS D'AVANCES

1° Veuves ou orphelins de la première catégorie.

Il peut être accordé, en attendant la concession de pension de veuve ou de secours annuel d'orphelins, des *avances* égales aux quatre cinquièmes du montant de cette pension ou de ce secours.

Ces avances sont ordonnancées par les sous-intendants militaires, sur justification du décès de l'ayant-cause et de la qualité des réclamants.

Elles doivent être rembousées sur les arrérages de la pension ou du secours annuel d'orphelins une fois concédés, lesquels arrérages commencent à courir à partir du lendemain du décès du mari ou du père.

2° Veuves ou orphelins de la deuxième catégorie.

Les veuves ou orphelins de militaires décédés dans la position de retraite peuvent obtenir une avance dont le maximum ne peut dépasser les deux tiers du montant des arrérages de pension qui auraient pu être perçus à la date de la dernière échéance trimestrielle de paiemeut des pensions, si la concession de la pension avait été faite avant cette date sur la base du projet de liquidation.

Pour obtenir une avance sur une pension ou sur un secours d'orphelin en cours de liquidation, la veuve ou le tuteur de l'orphelin en fait la demande au ministre de la guerre, en souscrivant l'engagement formel de rembourser la somme perçue à titre d'avance aussitôt après la remise du titre de pension.

Les avances de cette nature sont également ordonnancées par les sous-intendants militaires. Elles sont précomptées sur les premiers arrérages de la pension.

IV. — DÉLÉGATIONS DE SOLDE

Au cas où la veuve ou l'orphelin a obtenu une *délégation* de la demi-solde du père ou du mari et quand le montant de cette délégation est supérieur au taux de la pension, la jouissance de la pension est reportée jusqu'au moment où cesse la délégation, c'est-à-dire jusqu'à la date de la cessation des hostilités.

V. — DROIT D'OPTER ENTRE LA JOUISSANCE DE LA PENSION ET LES ALLOCATIONS OU LES DÉLÉGATIONS DE SOLDE

La loi du 9 avril 1915 interdit *le cumul de la pension et des allocations* établies par la loi du 5 août 1914, en faveur des familles nécessiteuses. Mais les intéressés peuvent *opter* soit pour la pension, soit pour les allocations.

Si les intéressés optent pour les allocations, la jouissance des arrérages de la pension sera suspendue jusqu'à la cessation du régime des allocations, c'est-à-dire jusqu'à la fin des hostilités.

Si les intéressés optent pour le régime des pensions, ils pourront néanmoins, à titre d'avances, toucher l'allocation jusqu'au jour où la liquidation de leur pension sera terminée.

Ces avances seront retenues ensuite sur les premiers arrérages touchés.

VI. — TARIF DES PENSIONS DE VEUVES & DES SECOURS ANNUELS D'ORPHELINS DE MILITAIRES

Les veuves et orphelins de fonctionnaires civils mobilisés pouvant prétendre à une pension militaire en raison de décès imputables à la guerre, ont le droit d'opter entre cette pension et celle qui résulterait de l'application de leur régime normal de retraite (Loi du 14 Mars 1915). Leur demande de pension devra contenir les indications et précisions nécessaires en vue de l'exercice de leur faculté d'opter pour la pension qu'ils jugent préférable.	VEUVES & ORPHELINS de Militaires	
	Tués à l'ennemi ou morts des suites de blessures de guerre	Décédés des suites de blessures ou de maladies contractées en service commandé ou en possession de droits à pension.
Général de Division..........................	5.250	3.500
Général de Brigade	4.000	2.667
Colonel	3.000	2.000
Lieutenant-Colonel	2.500	1.667
Chef de Bataillon	2.000	1.333
Capitaine ou assimilé... — 4e échelon de solde..	1.950	1.300
Capitaine ou assimilé... — 3e	1.850	1.233
Capitaine ou assimilé... — 2e	1.750	1.167
Capitaine ou assimilé... — 1er	1.650	1.100
Lieutenant ou assimilé.. — 4e échelon de solde..	1.650	1.100
Lieutenant ou assimilé.. — 3e	1.575	1.050
Lieutenant ou assimilé.. — 2e	1.500	1.000
Lieutenant ou assimilé.. — 1er	1.425	950
S/Lieutenant ou assimilé — 2e échelon de solde..	1.400	933
S/Lieutenant ou assimilé — 1er	1.150	767
Adjudant-Chef............................	1.050 a	700 a
Adjudant................................	975 a	650 a
Aspirant................................	937 a	625 a
Sergent-Major ou Maréchal des Logis Chef......	900 a	600 a
Sergent ou Maréchal des Logis...............	825 a	550 a
Caporal ou Brigadier.......................	675 a	450 a
Gendarme................................	619 a	412 a
Soldat..................................	563	375

(a) pour les veuves des sous-officiers, brigadiers et gendarmes décédés après 15 ans de service, la pension principale est augmentée des trois quarts pour la 1re catégorie, et de la moitié, pour la 2e catégorie, de la majoration spéciale à laquelle le mari pouvait prétendre.

VII. — PIÈCES A FOURNIR & FORMALITÉS A REMPLIR
PAR LES INTÉRESSÉS.

Les veuves et les tuteurs des orphelins doivent faire parvenir leurs demandes de pension ou de secours annuel d'orphelins, soit au sous-intendant militaire de leur résidence, soit au ministère de la guerre, service des pensions, en produisant les pièces suivantes qui peuvent être établies sur papier non timbré et sans frais :

a) Pour les veuves,

1° Demande de pension adressée au ministre de la guerre, légalisée par le maire de la commune ou de l'arrondissement si le domicile est à Paris,

2° Acte de naissance de la veuve,

3° Acte de célébration du mariage,

4° Acte de décès du mari.

Ces pièces doivent être dûment légalisées si elles ne sont pas délivrées dans le département de la Seine.

(Si la veuve ne peut se procurer cet acte de décès, elle enverra néanmoins son dossier en y joignant l'avis de décès adressé par la mairie ou par l'autorité militaire et en mentionnant expressément que l'acte de décès n'a pu être obtenu).

5° L'état des services du mari, qui doit être réclamé au dépôt du régiment de celui-ci.

6° Certificat délivré par l'autorité municipale, sur la déclaration signée de l'intéressé et de deux témoins, constatant :

I° Qu'il n'y a eu entre les époux ni divorce, ni séparation de corps ;

II° Que la veuve jouit de ses droits civils ;

III° Qu'il n'existe pas d'enfant mineur issu d'un précédent mariage. (En cas de séparation de corps prononcée en faveur de la femme, produire un extrait du jugement).

7° Certificat de genre de mort, qui doit être demandé au dépôt du régiment du mari et peut être porté sur l'état des services.

(Ce certificat peut être remplacé par l'avis du décès adressé par le maire ou par l'autorité militaire, si cette pièce porte la mention : « Tué à l'ennemi » ou « Décédé des suites de blessures de guerre »).

En ce qui concerne plus particulièrement les veuves évacuées des régions envahies et qui ne peuvent, par suite, produire leur acte de naissance ou leur acte de mariage, les observations suivantes sont à retenir par les intéressés pour leur permettre de suppléer aux deux actes qui leur manquent :

I° Acte de naissance. A remplacer, s'il est possible, par une attestation signée de quatre habitants majeurs évacués de la même commune que l'intéressée. Cette pièce devra être légalisée par le maire de la commune où réside actuellement l'intéressé ; à Paris, par le maire de l'arrondissement.

A défaut, produire un acte de notoriété délivré dans les conditions fixées par les articles 70 et suivants du code civil. Cette seconde solution, en raison des frais qu'elle entraîne, n'est à adopter que s'il est absolument impossible de se procurer l'attestation dont il est question ci-dessus.

L'attestation ou l'acte de notoriété n'est exigé des veuves que si elles ne peuvent produire un acte de mariage, un livret militaire du mari ou un livret de mariage indiquant la date et le lieu de leur naissance.

II° Acte de mariage. A remplacer par tout acte officiel ou authentique établissant l'existence du mariage : livret de mariage ; livret militaire ou état des services du mari portant mention du mariage ; acte de naissance portant mention du mariage ; acte notarié indiquant que telle personne a justifié de son mariage avec le militaire décédé.

b) Pour les orphelins,

1° Demande de secours annuel adressée au ministre de la guerre par le tuteur ou par l'orphelin émancipé et légalisée par le maire de la commune ou de l'arrondissement si le domicile est à Paris. (Lorsque les circonstances s'opposent à la réunion immédiate du conseil de famille appelé à désigner le tuteur, les personnes ayant la charge d'un orphelin de la guerre peuvent demander le secours annuel au nom de l'orphelin sous réserve de s'engager par écrit à provoquer aussitôt que possible la nomination d'un tuteur ou de donner avis de cette nomination au ministère de la guerre, bureau des pensions).

2° Acte de naissance des orphelins,

3° Certificat de vie des orphelins,

4° Acte de célébration du mariage des parents,

5° Acte de décès du père,

6° Acte de décès de la mère,

Ces pièces doivent être légalisées si elles ne sont pas délivrées d département de la Seine.

7° L'état des services du père, qui doit être réclamé au dépôt du régiment de celui-ci.

8° Certificat délivré par l'autorité municipale, sur l'attestation de deux témoins, constatant qu'il n'existe pas d'autres orphelins mineurs du défunt.

9º Extrait de la délibération du conseil de famille réuni pour la nomination du tuteur, ou par l'émancipation de l'orphelin.

10º Certificat du genre de mort, qui doit être demandé au dépôt du régiment du mari, et peut être porté sur l'état des services ci-dessus.

En cas de divorce ou en cas de séparation de corps prononcée au profit du mari, les enfants sont considérés comme des orphelins au point de vue de la concession du secours annuel.

Les expéditions d'actes et pièces délivrées en pays étranger doivent être accompagnées d'une traduction régulière, être légalisées par l'agent diplomatique français et revêtues du visa du ministre des affaires étrangères.

VIII. — AVANTAGES QUE PROCURE LA PRODUCTION IMMÉDIATE DU DOSSIER DE DEMANDE DE PENSION

Il est rappelé aux veuves, ainsi qu'aux tuteurs des orphelins des militaires décédés des suites de la guerre qu'ils ont un intérêt réel à constituer immédiatement leurs dossiers de pension et à les produire, sans attendre la fin des hostilités.

La constitution et le dépôt du dossier n'empêchent nullement la veuve ou le tuteur de percevoir jusqu'à la fin des hostilités la délégation de solde ou, après option, les allocations de la loi du 5 août 1914. L'accomplissement des formalités de dépôt du dossier a l'avantage de permettre d'accélérer la liquidation et la concession de la pension, *en sorte que les intéressés pourront ensuite en toucher les arrérages au moment même où cesseront les délégations de solde ou les allocations.*

Tout retard dans le dépôt de la demande accompagnée du dossier exposerait la veuve et les orphelins à ne pouvoir obtenir qu'après un assez long délai, la liquidation de la pension et la remise du titre destiné à la perception des arrérages.

Il s'écoulerait, par suite, forcément plusieurs mois pendant lesquels ils ne pourraient rien recevoir.

NOTA. — On ajoute qu'aux termes de la loi du 16 Mars 1916, il peut être suppléé à tous les actes de l'état-civil dont les originaux se trouvent en territoire occupé par l'ennemi, par des actes de notoriété, dressés sans frais par le juge de paix sur la déclaration de trois témoins qui ont été domiciliés ou ont eu leur dernière résidence dans le département où l'original de ces actes est déposé.

PENSIONS D'INVALIDITÉ

ET GRATIFICATIONS DE RÉFORME

ACCORDÉES AUX MILITAIRES

I. — PENSIONS D'INVALIDITÉ.

Les militaires de tout grade et de toute origine, officiers de l'armée active ou de complément, sous-officiers, caporaux et soldats provenant de l'armée active, de la réserve ou de l'armée territoriale, lorsqu'ils ont été blessés en service commandé ou atteints de maladies attribuables directement au service ont droit à pension sous la réserve suivante :

L'infirmité résultant de blessures, accidents ou maladies doit après examen par les médecins experts désignés par l'autorité militaire, présenter les trois caractères suivants :

a) Être imputable au service,

b) Être incurable,

c) S'il s'agit d'un officier : rendre impossible son maintien au service.

S'il s'agit d'un homme de troupe : rendre impossible son maintien au service et de plus l'empêcher de pourvoir à sa subsistance.

Les blessures ou infirmités ouvrant des droits à pension sont classifiées de la manière suivante :

1re et 2e classes : cécité ou perte totale et irrémédiable de la vue. Amputation de deux membres.

3e et 4e classes : amputation d'un membre (pied ou main). Perte absolue de l'usage de deux membres.

5e classe : perte absolue de l'usage d'un membre.

6e classe : infirmités entraînant une diminution d'au moins 60 °/o dans les facultés de travail ; mais ne pouvant être assimilées à l'impotance absolue d'un membre.

L'instruction des pensions pour blessures ou infirmités est assurée par l'autorité militaire. Le militaire qui n'ayant pas été présenté à la commission médicale, se croit en droit de formuler une demande de pension, doit la faire parvenir au ministère de la guerre (bureau des pensions).

Les militaires qui désirent obtenir une pension, ne peuvent avoir à produire personnellement que les deux pièces suivantes :

1° Un certificat d'origine de blessures établi par l'autorité militaire d'après les déclarations des témoins ou, à défaut de cette pièce, un duplicata du billet d'hôpital qui doit être délivré à tout militaire évacué du front des armées et soigné dans une formation sanitaire ;

2° Un acte de naissance : cette pièce peut être remplacée, pour les militaires provenant des régions envahies, soit par une attestation signée de quatre habitants majeurs évacués de la même commune que l'intéressé, et légalisé par le maire de la commune où réside actuellement l'intéressé. soit en cas d'impossibilité, par un acte de notoriété établi dans les conditions de l'article 70 du code civil.

Le taux de la pension d'infirmité se calcule par rapport à la pension d'ancienneté à laquelle le militaire pourrait avoir droit s'il avait accompli le temps de service nécessaire.

La pension d'infirmité est, en effet, considérée comme une pension de retraite anticipée. La pension d'ancienneté est fixée ainsi qu'il suit pour les différents grades :

GRADES	PENSIONS D'ANCIENNETÉ		Chiffre de l'Annuite dans les cas prévus par les art. 9 et 16 de la loi du 11 Avril 1831 et 19 de la loi du 26 Avril 1855.	OBSERVATIONS
	Minimum	Maximum		
Colonel	4.500	6.000	75. »	Les pensions des gendarmes présentent une triple particularité :
Lieutenant-Colonel.....	3.700	5.000	65. »	
Commandant...........	3.000	4.000		1° Si le militaire est entré dans l'arme de la gendarmerie avant la promulgation de la loi du 13 Juillet 1911 elles sont liquidées au cas où l'intéressé y aurait avantage sur le grade le plus élevé occupé par le militaire depuis son entrée dans l'armée de ligne et même s'il n'a occupé dans la gendarmerie qu'un grade inférieur (loi du 13 Juillet 1911, art. 25 et loi du 23 Décembre 1912) ;
Capitaine ou asssimilé — 4e Échelon de solde	2.900	3.900		
Capitaine ou asssimilé — 3e —	2.700	3.700	50. »	
Capitaine ou asssimilé — 2e —	2.500	3.500		
Capitaine ou asssimilé — 1er —	2.300	3.300		
Lieutenant ou assimilé — 4e Échelon de solde	2.300	3.300		
Lieutenant ou assimilé — 3e —	2.150	3.150		
Lieutenant ou assimilé — 2e —	2.000	3.000		
Lieutenant ou assimilé — 1er —	1.850	2.850		
S-Lieutent ou assimilé — 2e Échelon de solde	1.800	2.800		2° Elles sont majorées d'autant d'annuités de 32 50 (pour les s/-officiers et brigadiers) et de 25 fr. (pour les gendarmes) que ce militaire a accompli de services effectifs au-delà de 15 ans;
S-Lieutent ou assimilé — 1er —	1.500	2.300	40. »	
Adjudant-Chef..........	1.100	1.400		
Adjudant...............	1.000	1.300		
Aspirant	950	1.250	15. »	3° Le taux du principal de la pension de gendarme est supérieur à celui de la pension du soldat (minimum 675 fr. au lieu de 600 fr., maximum 825 fr. au lieu de 750 fr.).
Sergent-Major	900	1.250		
Sergent................	800	1.100		
Caporal	700	900	10. »	
Soldat,................	600	750	7.50	

Voici comment se détermine la pension d'infirmités :. en cas d'infirmités de la première ou de la deuxième classe, le taux de la pension est égal au maximum de la pension d'ancienneté majorée de 20 % pour les officiers et de 30 % pour les autres militaires.

En cas d'infirmités de la troisième et de la quatrième classes, le taux de la pension est égal au maximum de la pension d'ancienneté.

En cas d'infirmités de la cinquième classe, la pension est égale au minimum de la pension d'ancienneté, augmenté des annuités indiquées à la troisième colonne ci-avant, pour toutes les années de service ou campagne sans exception.

En cas d'infirmités de la sixième classe, la pension est égale au minimum de la pension d'ancienneté, augmentée des annuités indiquées à la troisième colonne du tableau précédent, pour chaque annuité de service ou de campagne au-delà de 25 annuités pour la troupe et de 30 ans pour les officiers.

II. — GRATIFICATIONS

Des gratifications de réforme renouvelables peuvent être allouées par le ministre aux militaires n'ayant pas rang d'officier et atteints d'infirmités provenant d'un fait de service ou de fatigues ou obligations de la vie militaire, mais ne remplissant pas les conditions de gravité ou d'incurabilité exigées par la loi pour le droit à la retraite.

Les taux des gratifications sont fixés pour chaque grade d'après le degré de gêne fonctionnelle calculé ainsi qu'il suit :

GRADES	1re Catégorie	2e Catégorie	3e Catégorie	4e Catégorie	5e Catégorie	6e Catégorie	7e Catégorie	8e Catégorie
	Abolition totale non incurable 100 % des facultés de travail	Réduction non incurable des facultés de travail évaluée à		Réduction incurable ou non incurable des facultés de travail d'au moins :				
		80 %	60 %	50 %	40 %	30 %	20 %	10 %
Adjt-Chef...	1.820	1.400	1.100	910	730	550	388	184
Adjudant...	1.690	1.300	1.000	832	666	500	334	168
Aspirant....	1.625	1.250	950	791	633	475	318	159
Sergt-Major	1.560	1.200	900	750	600	450	300	150
Sergent.....	1.430	1.100	800	666	533	400	268	134
Caporal	1.170	900	700	582	466	350	234	118
Soldat......	975	750	600	500	400	300	200	100

Accordées pour deux années, les gratifications *sont, s'il y a lieu, lors de l'expiration de cette période, renouvelées* pour deux nouvelles années, à la suite d'un examen médical qui détermine si le taux doit être maintenu, abaissé ou relevé. Elles ne sont pas renouvelées en cas de guérison.

Un délai de cinq ans à courir de la date de leur radiation des contrôles de l'activité est accordé aux gratifiés pour faire valoir des titres à la retraite.

Les gratifications renouvelables des cinq dernières catégories peuvent à toute époque, *être maintenues à titre permanent* si l'incurabilité de l'infirmité vient à être constatée.

Les gratifications des trois premières catégories peuvent être converties en pension si les infirmités sont reconnues incurables.

Les anciens militaires rayés des contrôles des gratifiés peuvent être réadmis au bénéfice de la gratification si leur état d'invalidité vient à être constaté à nouveau.

9 782014 042788